Supertolles Bibelbasteln

Gerlinde Knoller Robert Erker

Supertolles Bibelbasteln

Gestalten, Spielen, Entdecken

PATTLOCH

Die Deutsche Bibliothek – CIP-Einheitsaufnahme

Supertolles Bibelbasteln: Gestalten, Spielen, Entdecken / Gerlinde Knoller;
Ill. von Robert Erker. –
Augsburg: Pattloch, 1997
ISBN 3-629-00292-7
NE: Knoller, Gerlinde; Erker, Robert

Gedruckt auf chlorfrei gebleichtem Papier.

Pattloch Verlag, Augsburg

DTP/Satz: Robert Erker, Augsburg
Layout und Illustration: Robert Erker, Augsburg
Reproduktionen: Litho Art, München
Druck und Bindung: Uhl, Radolfzell
Printed in Germany
ISBN 3-629-00292-7

Inhalt

Aus dem Alten Testament

Aus dem Neuen Testament

Liebe Kinder, liebe Eltern, liebe Erzieher,

welch riesiges Maul musste der Fisch gehabt haben, der den armen Jona nach dem Seesturm verschluckt hatte! Wie fröhlich hat es geklungen, als die Israelitin Mirjam nach dem Zug durch das Rote Meer vor Freude ihre Pauke geschlagen hat!

Die Bibel ist reich an wunderbaren Geschichten wie diesen. Sie bleiben umso mehr in Erinnerung, wenn Kinder – aber auch Erwachsene – sich ein Bild von ihnen machen können. Mehr noch – wenn sie sie nachbilden können. Dieses Bibelbastelbuch will dazu einladen. So wird u.a. Jonas Fisch mit seinem großen Maul aus Peddigrohr geflochten, Mirjams Pauke stellt sich als beklebte Keksdose dar.

In kindgerechter Sprache werden Geschichten aus der Bibel, oft aus einer veränderten Perspektive heraus, nacherzählt.
Die Bastelanleitungen greifen jeweils direkt eine Textstelle auf, die im wesentlichen der Einheitsübersetzung entspricht.
Zum Nachlesen sind die einzelnen Bibelstellen angegeben.

Alle Bastelvorschläge sind erprobt. Sie lassen sich auch von Ungeübten mit relativ wenig Aufwand und den verschiedensten einfachen Materialien nachbasteln.

Gerlinde Knoller

Aus dem Alten Testament

Wenn wir in den Himmel schauen und auf die funkelnden Sterne blicken, staunen wir über die Größe von Gottes Schöpfung. Wie weit sind doch die Meere, wie hoch die Berge, wie hell strahlt die Sonne! Gottes Schöpfung spiegelt sich selbst im Kleinsten wider – in der zarten Blume, im Schmetterling, im Grashalm. Am großartigsten ist die Erschaffung des Menschen. Die Bibel beginnt mit zwei Schöpfungsberichten. Wunderschön die zweite Erzählung. Hier formt Gott den Menschen aus Lehm und haucht ihm seinen Atem ein. Er setzt ihn in seinen Garten Eden.

Noahs Taube

„Es ist auf einmal so still!", sagte Noah zu seinem Sohn. Sein Sohn lauschte. „Irgendetwas ist anders als sonst. Doch was ist es?" Da deutete Noah zur Decke seiner Arche: „Der Regen! Das Trommeln des Regens hat nachgelassen! Es hat uns vierzig Tage und Nächte begleitet. Wie still ist es geworden!" Noah öffnete eines der Fenster der Arche und ließ einen Raben hinaus. Der flog ein und aus, bis das Wasser vertrocknet war. Dann nahm Noah eine Taube. Doch sie kehrte bald wieder zu ihm zurück. Die ganze Erde war noch mit Wasser bedeckt. Ihre Füße hatten keinen Halt finden können. Nach einiger Zeit ließ er die Taube wieder aus der Arche.

Als Noah gegen Abend aus dem Fenster blickte, flog ihm die Taube entgegen. In ihrem Schnabel hatte sie einen frischen Olivenzweig.

Gen 8,6–12

Es kann nur noch wenig Wasser auf der Erde sein, rief Noah seinem Sohn freudig zu. Sieben Tage später schickte Noah seine Taube wieder aus. Sie kam nicht mehr zurück.

Die weiße Taube

Die weiße Taube ließ mit ihrem grünen Zweig Noah auf das Ende der Sintflut hoffen. Nach vierzig Tagen Regen schien die Sonne, und ein Regenbogen stand am Himmel. Gott zeigte, dass er den Menschen wieder gut war. Noahs Taube am Regenbogenhimmel kannst du als Zimmer- oder Fensterschmuck gestalten. Für den Regenbogenhimmel schneidest du aus Karton eine Scheibe mit ca. 15 cm Durchmesser. Vorder- und Rückseite mit Regenbogen-Buntpapier bekleben. In die Mitte der Scheibe – wenn du willst, auch beidseitig – wird eine weiße Taube mit grünem Olivenzweig aus Bastel-Wellkarton geklebt. Dazu zeichnest du sie nach unserer Vorlage auf dünnerem Karton auf und schneidest eine Schablone aus. Die Schablone legst du auf die Rückseite des Wellkartons. Zeichne die Umrisse nach und schneide die Taube aus. Mit einer Nähnadel stichst du ein kleines Loch in die Oberseite und ziehst einen Faden zum Aufhängen durch.

Abrahams Land

Über Kanaan war es Abend geworden. Nach einer langen Reise hatte Abraham mit seinen Leuten hier die Zelte aufgeschlagen. Alle schliefen nun, seine Frau Sara, seine Begleiter – nur Abraham selbst nicht. Noch soviele Gedanken bewegten ihn, dass er keinen Schlaf finden konnte. Er trat vor sein Zelt. Vor ihm breitete sich ein wunderbares Land aus.

Da hörte Abraham die Stimme Gottes: „Blick auf und schau von der Stelle, an der du stehst, von Norden und Süden, nach Osten und Westen. Das ganze Land nämlich, das du siehst, will ich dir und deinen Nachkommen für immer geben."

„Ich mache deine Nachkommen zahlreich wie den Staub auf der Erde. Nur wer den Staub auf der Erde zählen kann, wird auch deine Nachkommen zählen können. Mach' dich auf, durchziehe das Land in seiner Länge und Breite; denn dir werde ich es geben."

Gen 13,14–17

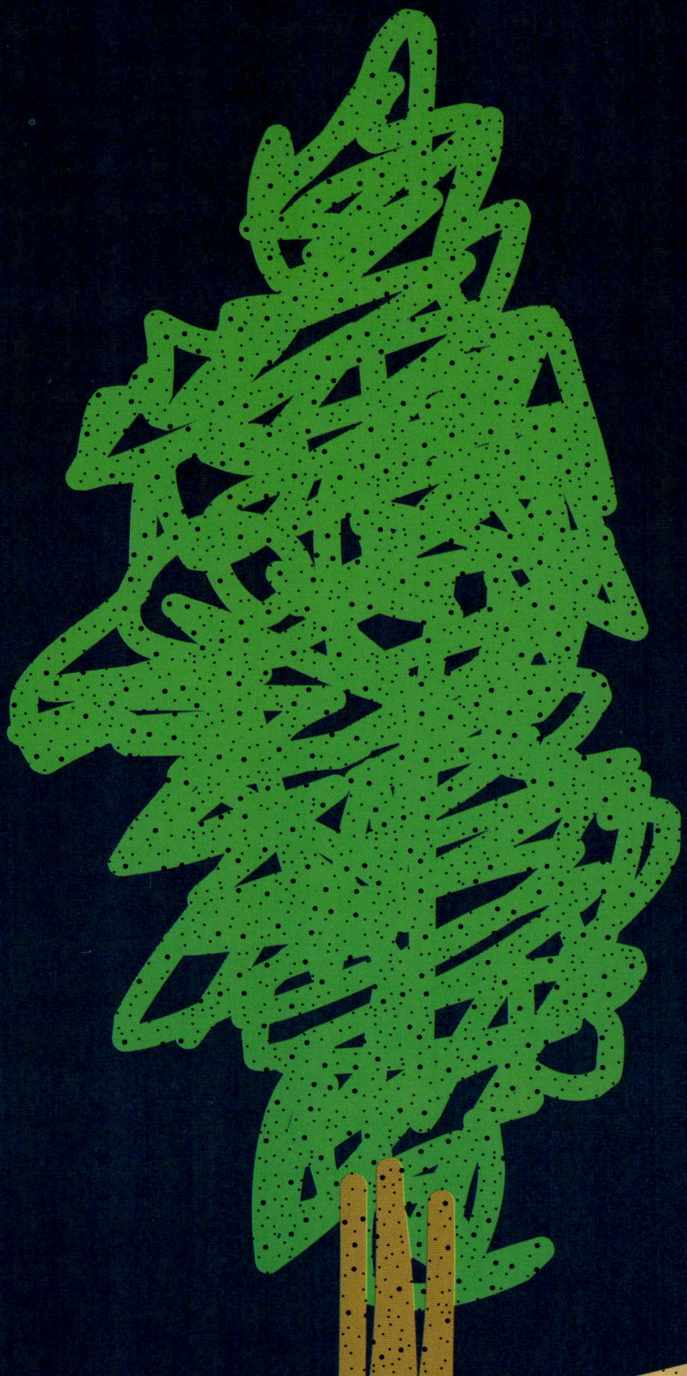

Landschaft mit Sand

Abrahams Land kannst du in einem Sandbild darstellen. Den „Staub auf der Erde" bildet farbiger Sand. Zum Färben schüttest du kleine Portionen Sand in Joghurtbecher. Mit einem Löffel verrührst du den Sand mit Fingerfarben, die vorher mit Wasser verdünnt wurden. Die Masse soll nicht zu zäh sein, damit sich keine festen Klumpen bilden. Am besten immer während des Trocknens umrühren.
Erst wenn der farbige Sand ganz trocken ist, kannst du ihn weiterverarbeiten.
Zeichne auf festem Papier nach und nach mit Kleber aus der Tube die Konturen einer Landschaft vor. Streue sofort in den entsprechenden Farben Sand darauf.
Den Kleber gut trocknen lassen, dann vorsichtig den Sand von den Stellen ohne Klebstoff abschütteln.

Josefs Getreidegarbe

Josef saß abseits im Gras und ließ den bunten Stoff seines neuen, wollenen Rocks durch die Finger gleiten. Immer wieder blickte er zu den Schafen und Ziegen seines Vaters Jakob, die er hütete. Auch andere seiner elf Brüder waren auf der Weide. Sie mochten Josef nicht. Denn er war der Lieblingssohn des Vaters. Immer wieder warfen die Brüder verächtliche Blicke zu ihm hin, lachten, ließen ihn spüren, wie sie ihn verachteten. „Jetzt hat er ihm auch noch einen besonders schönen Rock anfertigen lassen – unser lieber Vater", zischte Ruben, der Erstgeborene, „ein Festkleid zum Viehhüten!"

Josef war traurig, dass seine Brüder so über ihn sprachen. Einzig Benjamin, der Jüngste, hielt zu ihm. Und heute hatte Josef auch noch die Dummheit begangen und ihnen den Traum der letzten Nacht erzählt.

„Hört, was ich geträumt habe: Es war Erntezeit. Wir Brüder banden Garben mitten auf dem Getreidefeld. Fertig gebunden, legten wir sie nieder. Da richtete sich meine Garbe auf und blieb aufrecht stehen. Auch eure Garben standen auf, umringten meine Garbe und verneigten sich tief vor ihr."

„Er will König werden und sich über uns erheben!", hatten sich die Brüder erbost. Jetzt hassten sie Josef noch mehr und überlegten, wie sie ihn loswerden konnten.
Gen 37,1–8

Die aufrechten Garben

Zur Erntezeit kannst du auch einmal über ein Getreidefeld gehen und vom Feldrand ein paar reife Getreidehalme nehmen. Die Ähren werden sich von der Last der Körner biegen. Achte darauf, dass das Korn zwar noch etwas feucht, aber nicht zu nass ist. Lege nun Halm für Halm ganz eng aneinander, sodass die Ähren gegeneinander drücken und die eine die andere gerade richtet. Die Halme werden auf gleiche Länge geschnitten. Den Getreidebuschen umwickelst du, direkt unterhalb der Ähren angefangen, eng, aber nicht zu fest mit einem Draht und einer Schnur, damit er nicht auseinanderfällt und hängst ihn kopfüber zum Trocknen in einem dunklen Raum auf. Löse nach dem Trocknen den Draht und binde um die Halme eine breite, bunte Schleife. Im Herbst an einer Tür oder einer Wand aufgehängt, präsentieren sich die aufrechten Garben als hübscher Schmuck.

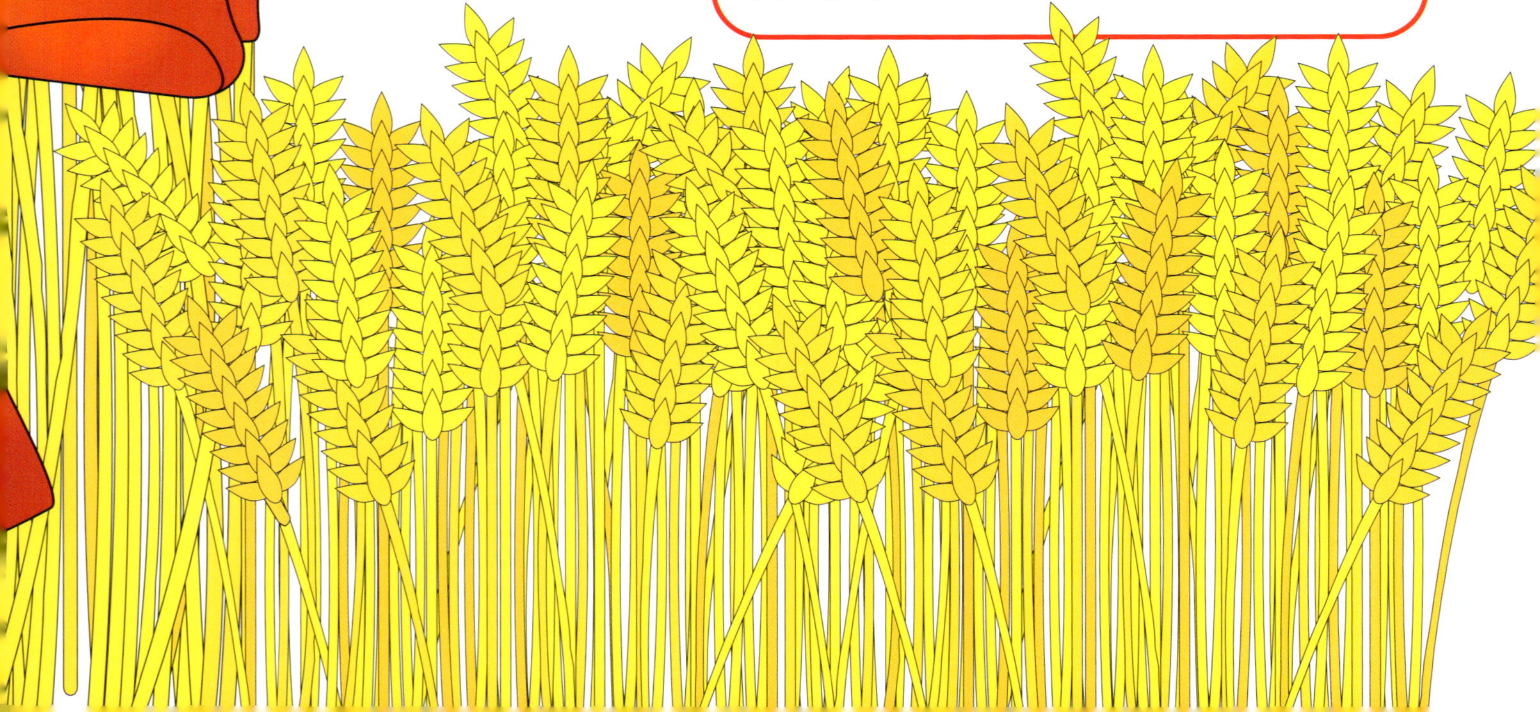

Moses Schlangenstab

Mose hielt den Hirtenstab fest umklammert, während er mit den Schafen und Ziegen seines Schwiegervaters durch die Steppe zog. Eines Tages trieb er das Vieh über die Steppe hinaus und kam zum Berg Horeb. „Was ist das für ein Lichterschein in der Ferne?", fragte er sich. Er erkannte, dass es ein brennender Dornbusch war. Doch der Busch selbst verbrannte nicht.
Plötzlich vernahm Mose aus dem Busch Gottes Stimme: „Mose, Mose!"
Er antwortete: „Hier bin ich!" Gott forderte Mose auf, seine Schuhe auf diesem heiligen Boden auszuziehen. Mose verhüllte sein Gesicht, weil er sich vor Gott fürchtete. Gott gab Mose den Autrag: „Führe mein Volk, die Israeliten, aus Ägypten hinaus. Führe sie in ein Land, in dem Milch und Honig fließen."
„Meine Leute werden mir nicht glauben, dass du, Gott, mir den Autrag gegeben hast", wandte Mose ein, „sie werden mich fragen: Wie heißt er?" Da antwortete Gott dem Mose: „Sag ihnen, ich bin Jahwe, der Ich-bin-da". Mose zögerte immer noch: „Und wenn sie sagen, er ist dir nicht erschienen?"
Da entgegnete ihm der Herr: „Nimm deinen Hirtenstab! Wirf ihn auf die Erde!" Mose warf ihn auf die Erde. Der Stab wurde zur Schlange. Entsetzt wich Mose vor ihr zurück. Dann sprach Gott: „Streck deine Hand aus und fasse sie am Schwanz!" Mose packte sie, da wurde sie in seiner Hand wieder zu einem Stab.

Ex 3,1–22; 4,1–5

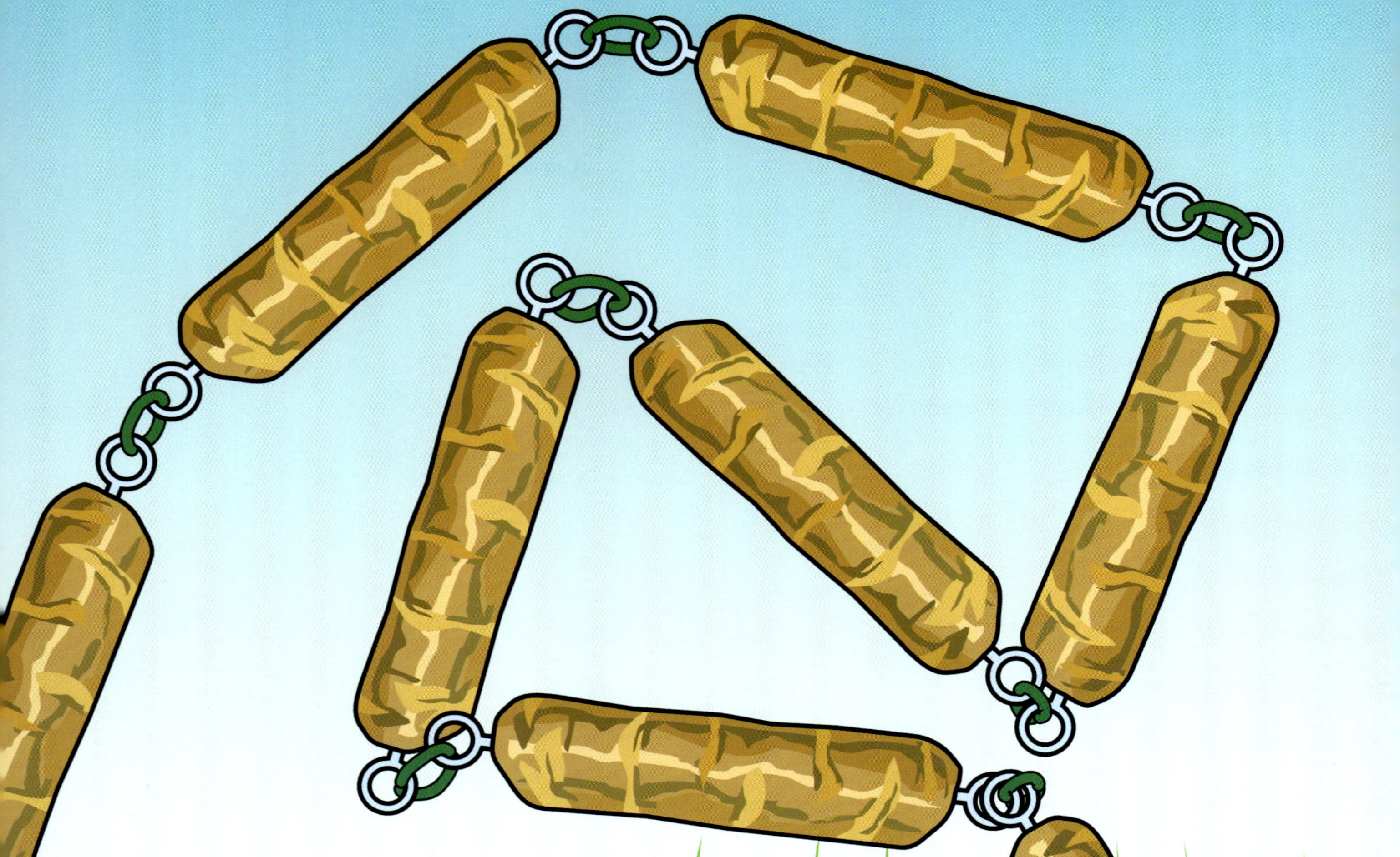

Der Schlangenstab

Auch du kannst einen Stab in eine Schlange verwandeln. Nimm von einem Spaziergang in der Natur ein Stöckchen mit. Dann bitte einen Erwachsenen, es in etwa fünf Zentimeter lange Stücke zu zersägen. Jetzt brauchst du noch kleine Ösen, die du von beiden Seiten in die Stücke hineindrehst. Durch die Ösen knotest du Schnüre und verbindest so die Holzstücke zu einer beweglichen Schlange. Für den Schlangenkopf wählst du ein dickeres Holzstück. Dieses wird vorne noch etwas eingeritzt und daran eine Zunge aus Filz angeklebt. Augen werden aufgemalt oder auch eingeritzt.

Mirjams Siegeslied

Mose und seine Schwester Mirjam blieben stehen. Sie drehten sich um und blickten schweigend auf das Meer. Es lag ruhig da. Die Sonne tanzte auf den leisen Wellen. „Ich kann's gar nicht glauben", sagte Mose zu seiner Schwester, „aber wenn du mir sagst, du hast es auch so erlebt, dann wird es wohl wahr gewesen sein." „Mose!", rief seine Schwester Mirjam, und ihr ganzes Gesicht strahlte, „du hast dein Volk mitten durch das Meer geführt! Ich spüre noch die Kälte des starken Ostwinds, mit dem Gott das Meer fortgetrieben hat." „Nicht einmal meine Sandalen sind nass geworden", antwortete Mose und blickte an sich herab, „das Meer ist nun zum Grab unserer Feinde, der Ägpter geworden. Mir ist noch das Trappeln ihrer Pferde im Ohr, die uns nachsetzten. Dann kam dieses Rauschen, das Zurückfluten des Wassers. Wie still es daraufhin wurde. Mirjam, lass' mich Gott das Danklied unserer Rettung singen!"

Auch Mirjam nahm ihre Pauke in die Hand, und alle israelitischen Frauen zogen mit Paukenschlag und Tanz hinter ihr her. Während sie den Takt schlug, sang sie: „Singt dem Herrn ein Lied, denn er ist hoch und erhaben! Rosse und Wagen warf er ins Meer!"

Ex 14,26–31; Ex 15,1–21

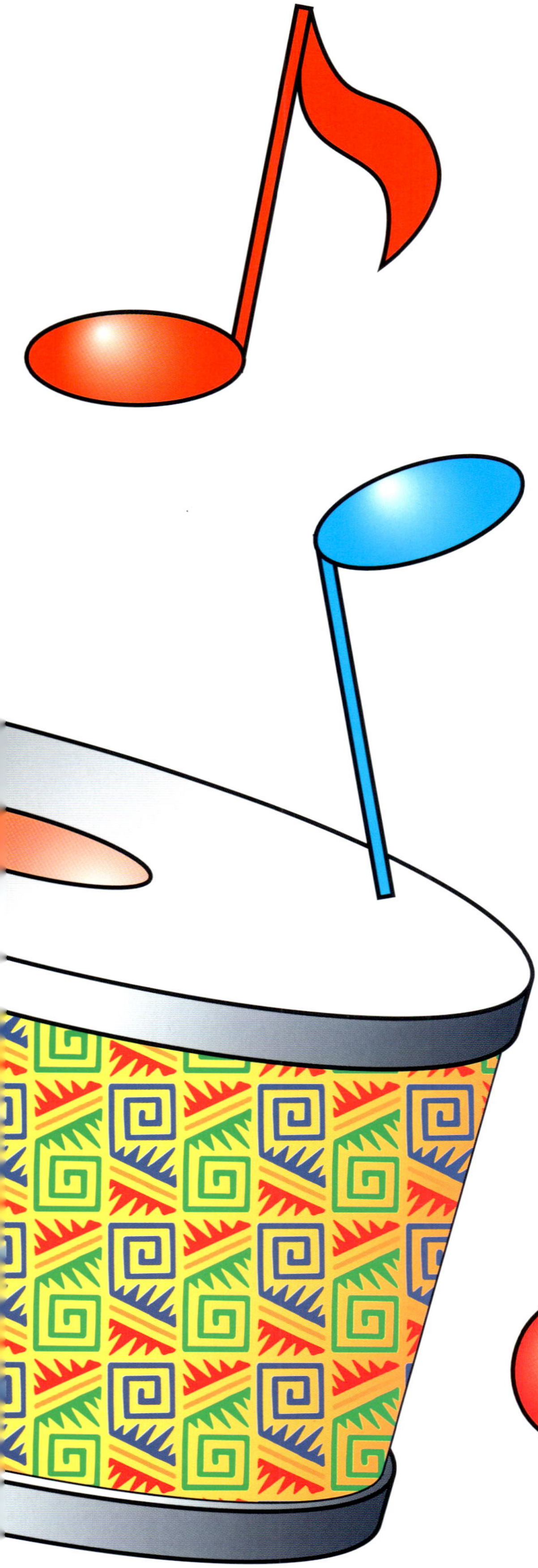

Mirjams Tambourin

Mirjams Pauke war eine Art Tambourin, das mit der Hand geschlagen wurde. So ein Tambourin lässt sich aus einer leeren Keks-Dose basteln. Nimm den Deckel ab, so kannst du das Instrument am Rand halten. Der Rand wird mit selbsthaftender Klebefolie bezogen. Diese hält auf dem Blech am besten. Der Boden der Blechdose dient als „Becken", das schwingt und klingt, wenn du mit der Hand daraufschlägst. Verschiedene Töne, einen dumpferen und einen helleren, gewinnt man dadurch, dass ein kleiner Kreis (nicht mehr als fünf Zentimeter Durchmesser) in die Mitte des Bodens geklebt wird. An dieser Stelle schwingt beim Schlagen das Becken weniger und klingt etwas dumpfer.

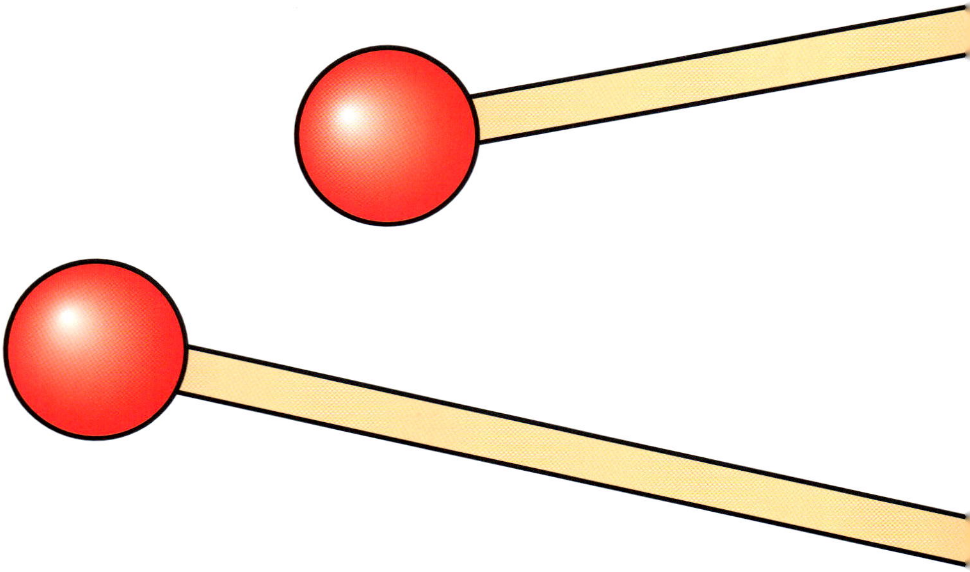

Davids Steine für Goliat

David kniete vor dem Bach. Der Bach war ausgetrocknet. Nur das, was das Wasser mitgeführt hatte, die Steine, das Geröll, den Schlamm, abgerissene Äste von Bäumen, lag offen da. David interessierte sich nur für die Steine. Mal nahm er diesen, mal jenen Stein auf, besah sich die Form, warf ihn wieder zurück. Glatt und rund sollten die Steine sein, die er brauchte. Nicht zu kantig. Nicht zu flach. Mit fünf glatten Steinen wollte er den Riesen besiegen, den Philister namens Goliat.

Davids ältester Bruder hatte ihn ausgelacht, als er hörte, er wolle für König Saul dem erfahrenen Kämpfer entgegentreten. „Geh' doch heim zu deinen Schafen!", hatte er den jüngeren Bruder verspottet. König Saul hat ihm schon eher vertraut. Er hatte ihm einen bronzenen Helm auf den Kopf gesetzt und eine Rüstung umgelegt.
Der kleine David wollte darin gehen, doch er war es nicht gewohnt und legte den Panzer wieder ab.

David hatte nun fünf Steine gesammelt. Sie waren rund und glatt. Er legte sie in seine Hirtentasche, die er immer bei sich hatte. Sie diente ihm als Schleuderstein-Tasche. Die Steinschleuder in der Hand, ging er auf den Philister zu. Schon der erste Stein traf Goliat an der Stirn, und er fiel mit dem Gesicht zu Boden.

1 Sam 17,1–50

Hirtentasche

Aus einem Lederrest kannst auch du ein kleines Hirtentäschchen schneiden. Für das Leder empfiehlt sich eine Größe von ca. 15 Zentimetern Breite und 30 Zentimetern Länge. Unterteile das Lederstück in drei Teile und klappe den untersten Teil auf den mittleren. Das obere Drittel wird die Verschlussklappe, sie wird an den Ecken leicht anrundet. Nimm nun ein Lederband und knote an ein Ende eine Holzkugel. Mit einer Ledernadel werden durch die Seiten des Täschchens je sechs Löcher gebohrt, durch die das Band gezogen wird.
Den Abschluss der ersten Naht bildet wieder eine Kugel. Dasselbe Band dient auch zum Umhängen. Du ziehst es auf dieselbe Weise wie zuvor durch die andere Seite des Täschchens. Damit nichts herausrutscht, ans Ende des Lederbands wieder eine Holzkugel knoten.

Elijas Suche nach Gott

„Wo bist du, mein Gott? Ich habe dich verteidigt, und nun lässt du mich allein", seufzte Elija und verkroch sich in einer Höhle auf dem Gottesberg Horeb. Er war müde von der Flucht vor seinen Feinden, die ihm nach dem Leben trachteten. Ihm fielen gerade die Augen zu, da hörte er die Stimme Gottes: „Was willst du hier, Elija? Komm' heraus und stell' dich auf den Berg vor den Herrn!"
Elija sprang hoch und ging hinaus. „Bist du hier, Gott?", fragte er, als ein gewaltiger Sturm vorüberzog, der die Berge zerriss und die Felsen sprengte. Doch Gott war nicht im Sturm. Plötzlich wankte der Boden unter Elijas Füßen. Ein Erdbeben brachte den Berg zum Erzittern. „Bist du hier, Gott?", fragte Elija wieder. Doch Gott war nicht im Erdbeben. Elija wurde es heiß. Neben ihm flammte ein Feuer auf. „Aber hier bist du, Gott!", rief er. Doch Gott war auch nicht im Feuer.

Da spürte Elija ein sanftes, leises Säuseln. Ein Windhauch streichelte seine Wangen. Da erkannte Elija: „Das ist Gott!" Er hüllte sein Gesicht in seinen Mantel und wusste: „Ich bin nicht allein."

1 Kön 19,1–13

Elijas Windspiel

Aus bunten Holzperlen und Stücken von Bambusstäben kannst du ein Windspiel basteln. Die Bambusstäbe aus dem Gartengeschäft werden an ihren glatten Stellen mit der Gartenschere in etwa zwei Zentimeter lange Stücke geschnitten (Lass dir dabei von einem Erwachsenen helfen). Die Stäbe sind in der Regel innen hohl. Wenn nicht, dann kannst du mit einer Stopfnadel sehr leicht das weiche Mark herausholen.
Auf gleich lange Schnüre, an deren Enden du jeweils ein Glöckchen bindest, werden abwechselnd Bambusstücke und Holzperlen aufgefädelt. Die fertigen Schnüre an einen Holzreif oder einen Bambusstab binden.
Ans Fenster gehängt, bringt bestimmt mancher Windhauch das Windspiel zum Klingen.

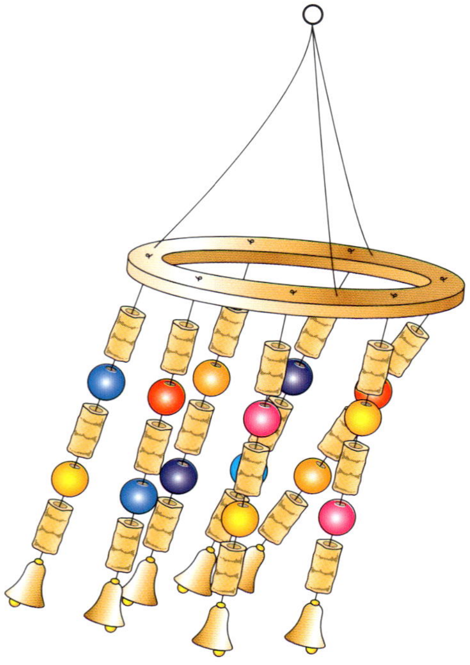

Elija und Elischa

Der Prophet Elija und sein Nachfolger, Elischa, gingen schweigend nebeneinander her. Elija war alt geworden, schleppend sein Gang, sein Rücken gekrümmt von den Jahren des Umherziehens. Elischa, neben ihm, war noch jung. Er hätte forsch voranschreiten können, doch er hielt Schritt mit Elija. Gott hatte beschlossen, Elija im Wirbelsturm in den Himmel aufzunehmen. Elischa spürte, dass Elija ihn bald verlassen würde. Weil er sein Freund war, wich er nicht mehr von seiner Seite.

„Elischa", sagte Elija, „Gott schickt mich nach Bet-El, zu seinem Heiligtum. Bleib' du hier!" Elischa aber nahm ihn an der Hand und sagte: „Ich verlasse dich nicht!"
In Bet-El angekommen, bat Elija seinen jungen Freund: „Der Herr schickt mich nach Jericho. Bleib' hier!" Doch Elischa sagte wiederum: „Nein, ich verlasse dich nicht!"
In Jericho schickte der Herr Elija an den Jordan. „Nun aber, lass mich alleine weiterziehen!", sagte Elija. Doch auch ein drittes Mal erklärte Elischa: „Ich verlasse dich nicht!"
Die beiden kamen zum Jordan. Elija nahm seinen Mantel, rollte ihn zusammen und schlug mit ihm auf das Wasser. Daraufhin teilte sich das Wasser, und die beiden überquerten den Jordan trockenen Fußes.
Während sie miteinander weitergingen und redeten, kam plötzlich ein feuriger Wagen, gezogen von feurigen Pferden.
Ein Wirbelsturm erfasste Elija, riss ihn hoch und nahm ihn mit. Sein Mantel flatterte zur Erde. Dort hob ihn Elischa auf.

2 Kön 1–18

Musterborte des Propheten

Nicht gerade einen Mantel, dafür ein einfaches Sweat-Shirt oder T-Shirt kann man mit einer Musterborte verzieren, wie es sie schon zur Zeit der Propheten gegeben haben könnte. Dazu brauchst du das Stück einer stabilen Kordel und – für einen Stempel, den du gut halten kannst – drei bis vier gleich große Rechtecke Karton (ca. zehn Zentimeter mal sechs Zentimeter), die du übereinander klebst. Eine Seite des Kartons bestreichst du mit Kleber. Nimm die Kordel und lege sie in beliebigen Mustern auf den Klebstoff. Dabei bieten sich Spiralen an. Nach dem Trocknen wird die Kordel mit Stofffarbe bestrichen. Mit der Kordel auf dem Karton kannst du nun eine Borte auf dein Kleidungsstück drucken. Der erste Abdruck nach dem Bestreichen der Kordel mit der Farbe sollte zunächst immer auf einem alten Tuch gemacht werden, damit die Farbe nicht verläuft. Nach dem Trocknen wird die Farbe durch Bügeln (siehe Gebrauchsanweisung der Farbe) auf der linken Seite fixiert, damit sie beim Waschen nicht mehr abgeht. Überlass das Bügeln am Besten einem Erwachsenen.

Der Schmuck der reichen Frauen

„Hübsch ist der Schmuck an deinem Hals", sagte die reiche Frau aus Jerusalem zu ihrer ebenfalls wohlhabenden Nachbarin, „ist er neu?" Neidisch ließ die Reiche die prächtige, goldene Halskette der anderen durch ihre Finger gleiten. „Die glitzernden Sonnen und Monde als Verzierungen sind zur Zeit Mode", erklärte die Nachbarin hochmütig, „ich habe die Halskette aus der Werkstatt unseres neuen Goldschmieds. Ein Meister seines Fachs, in Ägypten ausgebildet!" „Ich weiß", winkte die Reiche ab, „von ihm stammen mein klirrendes Fußkettchen und mein Ohrgehänge – das mit den Edelsteinen!" Die beiden Frauen tauschten sich noch eine Weile über ihren Schmuck aus, da kam durch die Gasse ein Mann. Ärmlich gekleidet, barfuß. Es war der Prophet Jesaja. Er eilte direkt auf die Frauen zu. „Komm, weg hier!", zischte die Reiche und zog ihre Nachbarin am Ärmel fort." Doch die Worte Jesajas holten sie noch ein:

„Weil ihr hochmütig seid!", rief der Prophet, „weil ihr eure Hälse reckt und immerzu trippelnd einherstolziert, weil ihr mit euren Fußspangen klirrt, wird euch der Herr euren Schmuck wegnehmen: die Fußspangen, die kleinen Sonnen und Monde, die Ohrgehänge und Armkettchen, die Schleier und Turbane, die Fußkettchen und die Prachtgürtel, die Riechfläschchen und die Amulette, die Fingerringe und Nasenreife. Die Festkleider, Tücher und Täschchen, die Spiegel und die feinen Schleier. Kehrt um, und kümmert euch um die Armen!"

Jes 3,16–26

Himmlische Kette

Schmuck kann man auch mit ganz einfachen Mitteln machen, so wie diese Anleitung für eine Halskette mit „Sonne und Mond" es beschreibt. Schneide zunächst aus Goldpapier zwei Kreise mit ca. sechs Zentimetern Durchmesser aus. Ein zweiter Kreis in derselben Größe wird aus schwarzem Fotokarton ausgeschnitten. Aus dem ersten Goldpapierkreis schneidest du nach unserem Modell einen Mond aus und klebst ihn auf den schwarzen Kreis. Den zweiten Goldpapierkreis legst du dreimal zusammen – er wird geachtelt. An der Rundung schneidest du ein Dreieck ein. Wenn du den Kreis wieder auseinandernimmst, hast du einen Stern, den du auf die Rückseite des Fotokartons klebst. In den oberen Rand dieses Anhängers wird ein kleines Loch gestochen, durch dieses Loch wird ein Metallringlein gesteckt.
Das kann ein gebogener Draht sein oder ein Teil von einer alten, kaputten Halskette. Zum Schluss wird ein Lederband oder eine Kordel hindurchgezogen.

Jonas Fisch

Jona hatte sich warm in eine Decke gehüllt. Er schlief tief auf dem harten Deck des Schiffes. Plötzlich schreckte Jona hoch. Jemand rüttelte ihn, herrschte ihn an. Es war der Kapitän: „Fremder, wie kannst du schlafen! Ein schwerer Sturm wirft unser Schiff wie eine Nussschale hin und her, bringt es fast zum Kentern. Du hast uns erzählt, du bist Hebräer. Sag deinem Gott, er soll das Meer beruhigen!" Jona hatte Angst. Zitternd gestand er: „Ich wage es nicht, meinen Gott darum zu bitten, denn ich bin vor ihm auf der Flucht. Er gab mir den Auftrag, nach Ninive zu gehen, um in der großen Stadt zu predigen. Doch das wollte ich nicht tun. Mit euch machte ich mich auf den Weg nach Tarschisch – weit weg vom Herrn." Da wurden die Seeleute blass, wichen vor Jona zurück und sagten zueinander: Dann ist wohl er am Unheil dieses gewaltigen Sturmes schuld! Jona nickte und gab sein Leben in ihre

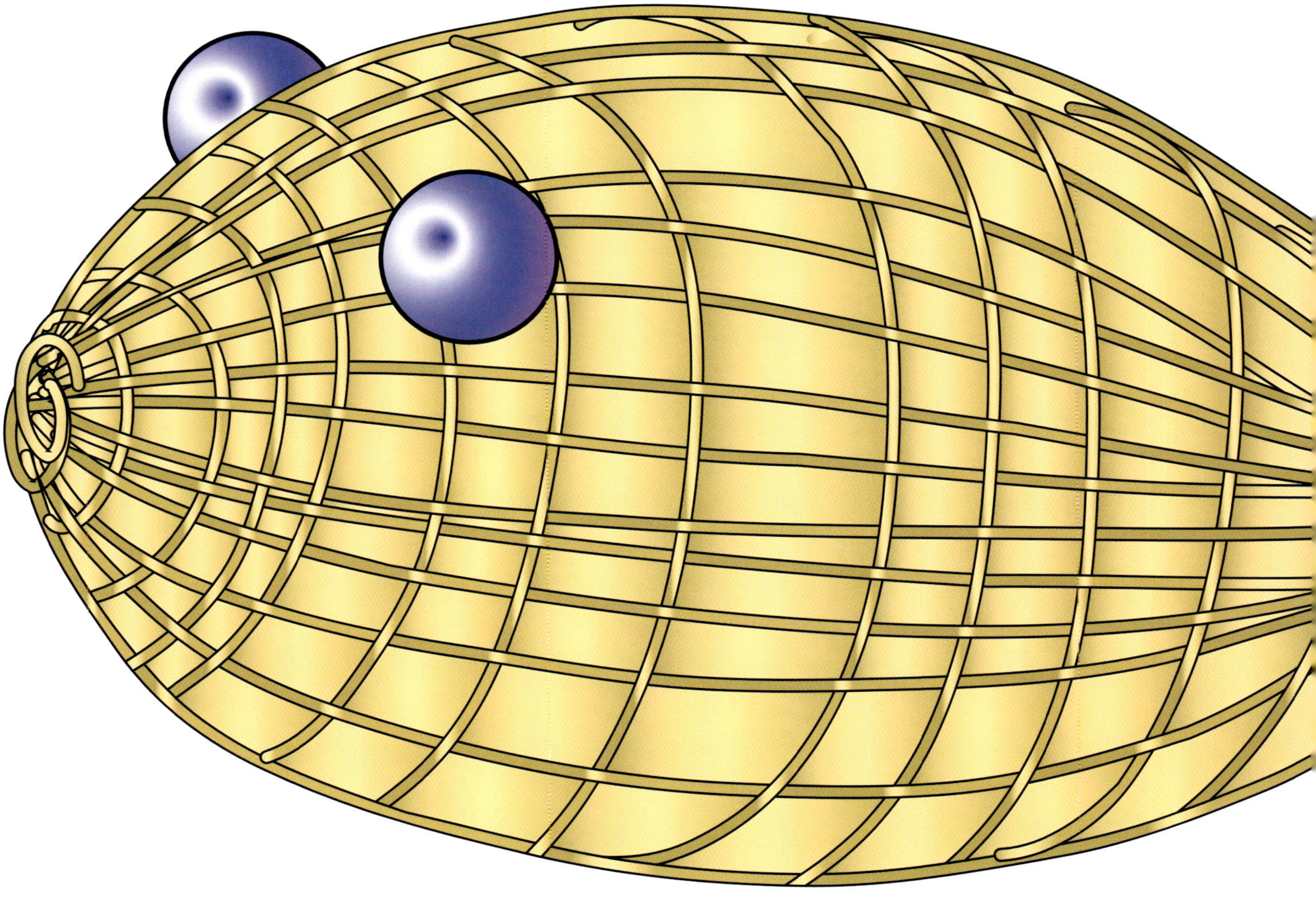

Hände: „Nehmt mich nur und werft mich ins Meer. Dann wird sich der Sturm legen.“
So warfen die Seeleute Jona ins Meer, und das Meer hörte auf zu toben. Gott aber schickte einen großen Fisch, der Jona verschlang. Drei Tage und drei Nächte blieb Jona im Bauch des Fisches und betete zu seinem Gott: „Du hast mich in die Tiefe geworfen. Mich umschlossen die Fluten, all die Wellen und Wogen schlugen über mir zusammen ich aber will laut dein Lob verkünden. Vom Herrn kommt die Rettung.“ Da befahl Gott dem Fisch, Jona wieder an Land zu speien.

Jona 1,1–16; 2,1–11

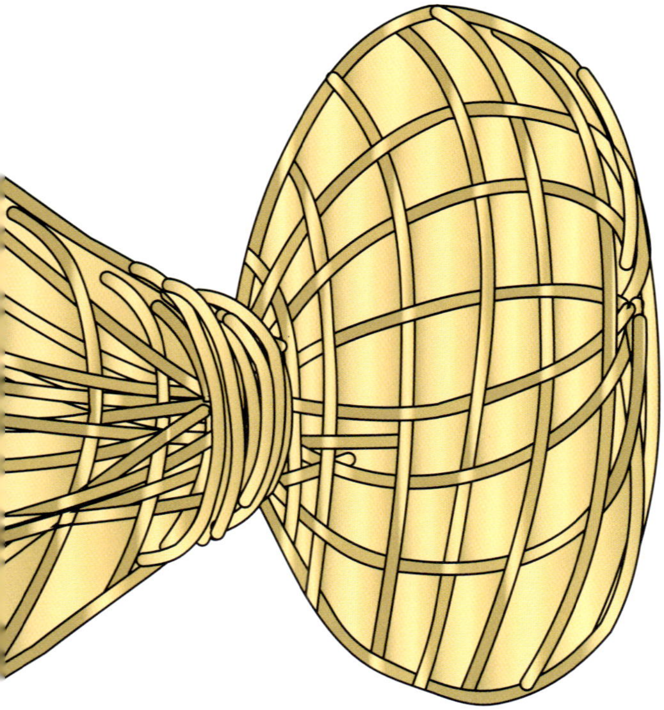

Der große Fisch

Einen großen Fisch kannst du leicht aus Peddigrohr gestalten. Dazu reicht ein Ring Peddigrohr aus, der zunächst mehrere Stunden in Wasser eingeweicht wird. Schneide mit der Gartenschere elf ca. 40 cm lange Stücke ab. Das restliche Peddigrohr wird zum Binden verwendet.

Beim Schwanz des Fisches fängst du an. Die elf Peddigrohr-Stücke legst du aneinander. Etwa zehn Zentimeter unterhalb des einen Endes umwickelst du ein kleines Stück von etwa drei Zentimetern mit Peddigrohr. Dann teilst du die elf kürzeren Peddigrohr-Enden fächerartig auf und flechtest das Peddigrohr im Wechsel ein.

Nun wird an der anderen Seite des Schwanzes weitergeflochten. Ein neues Peddigrohrstück wird in den Schwanz gesteckt und wie bei einem Korb im Wechsel eingeflochten. Damit der Körper des Fisches bauchig wird, drückst du die feuchten Peddigrohr-Stücke beim Flechten immer etwas auseinander. Wird der Fischkörper enger, drückst du die Stücke wieder zusammen und ziehst beim Flechten etwas fester an. Als Augen werden zwei Holzkugeln auf das Peddigrohr geschoben. Bei den nächsten Runden wird einfach darübergeflochten. Wenn du fertig bist, sollten etwa fünf Zentimeter der Peddigrohrstücke überstehen. Sie werden auf gleiche Länge geschnitten und ins Flechtwerk hineingesteckt.

Daniels Schrift

„Herr und Gott“, betete Daniel, „welches Talent hast du mir gegeben! Du hast mir Klugheit geschenkt. Dafür möchte ich dir danken!“ Daniel, der Ratgeber von Belschazzar, dem König von Babylon, kniete am Fenster. Dreimal täglich saß er dort und hielt Zwiesprache mit Gott. Das Fenster zeigte in die Richtung, in der weit in der Ferne Jerusalem lag.
Im Palast von König Belschazzar war es still geworden. Vorbei der Lärm des rauschenden Festes. Verstummt das Grölen der Betrunkenen, das Lautenspiel, das Klirren der goldenen und silbernen heiligen Gefäße – Beutestücke aus dem zerstörten Tempel von Jerusalem, die die Feiernden als Tafelgeschirr missbraucht hatten. Daniel ließ den Tag in Gedanken vorüberziehen.
Wie aufgeregt war er gewesen, als man ihn in den Prunksaal holen ließ! Mit vor Schreck geweiteten Augen starrten der König und die vornehmen Männer, die er zu seinem Gelage geladen hatte, an die weiße Wand des Raumes, wo eine Zauberhand folgendes hingeschrieben hatte:
„Mene mene tekel – u parsin“.
„Was heißt das?“ herrschte Belschazzar seinen Ratgeber Daniel an, „meine Weisen konnten es nicht entziffern. In dir ist der Geist der Götter, habe ich gehört. Wenn du die Schrift lesen kannst, werde ich dich reich beschenken.“ Und Daniel las: „Gezählt hat Gott die Tage deiner Herrschaft. Gewogen wurdest du auf der Waage und zu leicht befunden. Geteilt wird dein Reich und den Medern und Persern gegeben.“

Dan 5,1–28

Geheime Botschaft

Zu einem spannenden Spiel kann es werden, eine geheime Botschaft zu schreiben und auch wieder zu entziffern. Du schreibst deine Botschaft mit einem Pinsel, den du in Zitronensaft getaucht hast. Der Empfänger braucht aus der Apotheke etwas Jodtinktur, wovon er vorsichtig wenige Tropfen in ein halbes Glas mit Wasser gibt. Mit dieser Mischung muss er den Brief bestreichen. Das Jod färbt die im Brief vorhandene Stärke violett. Die Stellen mit Zitronensaft aber bleiben weiß.

Aus dem Neuen Testament

Gott hat die Israeliten zu seinem Volk auserwählt. Er hat Mose beauftragt, sie aus der Sklaverei der Ägypter zu befreien. Trockenen Fußes führte Gott sein Volk durch das Rote Meer in das Land Kanaan. Dorthin, wo Milch und Honig fließen. Viele Jahrhunderte vergingen. Nicht immer ging es den Israeliten gut. Sie vergaßen ihren Gott.

Untaugliche Könige regierten das Land. Kriege wurden angezettelt, der Tempel von Jerusalem zerstört, fremde Herrscher kamen an die Macht. Propheten gingen umher, um die Menschen zu ihrem Gott zurückzuführen. Diese Männer sprachen auch schon von einem, der kommen wird, um Rettung zu bringen – der Messias.

Das kleine Betlehem

„Halt ein, Josef!", sagte Maria zu ihrem Mann, als sie schon nahe vor Betlehem standen. Auf einer kleinen Anhöhe mit Blick auf die weißen Häuser von Betlehem machten sie ein letztes Mal Rast. Josef hob Maria vom Esel, band das Tier an einen Baum und gab ihm zu Trinken. Dann breitete er seinen Mantel im Gras aus und forderte Maria auf, sich neben ihn zu setzen. „Es war eine lange, eine beschwerliche Reise!", wandte er sich zu seiner Frau, „aber nun haben wir es bald geschafft. Wir suchen uns eine Herberge. Und gleich morgen werde ich uns in die Steuerlisten eintragen lassen. Maria spielte mit einem Grashalm. Sie schaute der Sonne zu, wie sie hinter den Häusern von Betlehem versank. „Wie schön ist von hier aus der Blick auf Betlehem!", schwärmte sie. „Schau! Erst waren die Häuser noch grell weiß, in der Abenddämmerung werden sie grau. Dunkel erheben sich die Berge dahinter! Mir ist fast ein bisschen bang. Auch spüre ich, dass unser Kind bald kommen wird." Josef legte den Arm um Maria: „Wenn ich diese kleine Stadt vor mir liegen sehe, so kommt mir der Spruch des Propheten Mischa in den Sinn. Weißt du, was ich meine?"

Maria nickte. Und die beiden sprachen zusammen die Worte des Propheten Mischa: „Aber du, Betlehem-Efrata, so klein unter den Gauen Judas, aus dir wird mir einer hervorgehen, der über Israel herrschen soll. Sein Ursprung liegt in ferner Vorzeit, in längst vergangenen Tagen."

Mi 5,1

Betlehems Lichter

Das kleine Betlehem wird durch die Geburt Jesu zum Mittelpunkt des Weltgeschehens. Maria sieht diese Stadt noch in der Abenddämmerung – doch bald wird sie hell erstrahlen unter dem Stern von Betlehem über der Krippe. Für einen Adventskalender kannst du hinter die Häuser von Betlehem Lichter stellen. Schneide aus schwarzem Tonkarton Häuser aus. Bei 24 Häusern empfiehlt es sich, vier Reihen zu je sechs Häusern zu fertigen. Die Breite der Häuser sollte dieselbe sein (z.B. acht Zentimeter), die Höhe kann sich unterscheiden. Schneide mit einem Tapeziermesser oder einer spitzen Schere größere Türen, evt. auch noch Fenster aus und klebe dahinter verschieden farbiges Transparentpapier. Falte die einzelnen Häuser etwas nach innen, sodass sie beim Aufstellen einen kleinen Bogen bilden. Jeden Tag kannst du nun ein Teelicht mehr hinter die Häuser stellen. Wenn ganz Betlehem leuchtet, dann ist Weihnachten.

Der Wanderprediger Johannes

„Wo bist du gewesen?", fragte die Mutter ihre junge Tochter, die gerade außer Atem durch die Türe trat, „du solltest mir das Mehl für die Brote mahlen. Du kommst zu spät!" „Entschuldige, Mutter!", sagte das Mädchen. Ich war draußen, am Jordan. Dort traf ich auf einen Mann, einen Wanderprediger namens Johannes." Und das Mädchen erzählte ihrer Mutter, dass sie zunächst bei diesem Johannes nicht stehenbleiben wollte. In jenen Zeiten traten nämlich immer wieder Sonderlinge auf, die sich berufen fühlten, zu predigen. Die meisten Menschen hörten gar nicht mehr hin. „Ungewöhnlich fand ich es", fuhr das Mädchen weiter, „dass dieser Johannes von vielen Männern und Frauen umringt war. Und dass alle ihm wirklich zuhörten. Fast armselig stand er da in seinem groben Mantel aus Kamelhaar, gehalten von einem ledernen Gürtel. Doch welche Kraft steckte in seiner Rede, als er uns zurief: Kehrt um, denn das Himmelreich ist nahe! Und dann taufte er die Menschen, die sich zu ihren Sünden bekannten, im Wasser des Jordans. Beinahe wäre auch ich dortgeblieben."

Die Mutter lauschte gebannt den Worten ihrer Tochter. Dann fragte sie: „Das wird doch nicht der Messias sein, den wir seit langem erwarten?" „Nein, das sicher nicht!" wandte die Tochter ein, sonst hätte er nicht gesagt: „Ich taufe euch nur mit Wasser. Der aber, der nach mir kommt, ist stärker als ich, und ich bin es nicht wert, ihm die Schuhe aufzuschnüren. Er wird euch mit dem heiligen Geist taufen."

Mt 3,1–11

Bunte Schnürsenkel

Das Schnüren der Schuhe macht bestimmt mehr Spaß mit bunten Schnürsenkeln. Auf diese Weise kannst du alte Schuhe oder deine Turnschuhe wieder aufwerten. Noch lieber trägst du sie vielleicht, wenn du die Schnürsenkel selbst bemalt hast. Dafür brauchst du einfache, weiße Schnürsenkel, die etwas breiter sind. Bunt werden sie mit Stoff-Wachsmalstiften, die es in Bastelgeschäften zu kaufen gibt. Damit die Farbe auch bei Nässe nicht abgeht, wird sie durch Bügeln fixiert (Gebrauchsanweisung der Stifte beachten!).

Jesus im Tempel

„Habt Ihr einen kleinen Jungen gesehen? Er heißt Jesus, ist zwölf Jahre alt. Ein Hemd aus Leinen hat er an und lederne Sandalen. Seit drei Tagen suchen wir ihn schon." Maria stand im Vorhof des Tempels von Jerusalem, voller Sorge, und weinte. Wie oft haben sie und ihr Mann Josef diese Frage in diesen Tagen gestellt! Hundertmal? Tausendmal? Doch alle haben sie den Kopf geschüttelt – die Pilger, mit denen die Eltern Jesu schon auf dem Rückweg vom Paschafest in Jerusalem nach Nazaret waren, die Verwandten, die Bekannten. Und auch hier, im Vorhof des Tempels, wohin Maria und Josef umgekehrt waren, hörten sie nur ein „Nein, tut uns leid!" „Verehrte Frau!", rief plötzlich ein Händler, der Opfertauben feilbot, „ich glaube, ich habe das Kind gesehen. Vor drei Tagen schon. Es ist in den Tempel gegangen. Seither ist es nicht mehr herausgekommen. Das fand ich merkwürdig. Darum erinnere ich mich!" Maria bedankte sich bei dem Händler, trocknete ihre Tränen und eilte mit Josef in den Tempel.
Dort saß Jesus. Mitten unter den Lehrern im Tempel und las mit ihnen in der Schrift. Die Gelehrten staunten. Denn dafür, dass Jesus noch ein Kind war, stellte er verständige Fragen und gab kluge Antworten. „Du bist hier, und wir suchen dich seit drei Tagen! Wie konntest du uns das antun! Wir hatten Angst um dich!", sagte Maria zornig. Jesus aber entgegnete seiner Mutter: Warum habt ihr mich gesucht? Ihr wusstet doch, dass ich im Hause meines Vaters sein muss." Die Eltern verstanden nicht, was er damit meinte. Jesus aber kehrte mit ihnen nach Nazaret zurück.

Lk 2,41–52

Schriftrolle

Zu Zeiten Jesus gab es noch kein Papier. Man schrieb auf Pergament, das zu großen Rollen gefügt wurde. Auch die Heilige Schrift – heute sagen wir dazu das „Alte Testament" – die Jesus damals im Tempel mit den Gelehrten studierte, war in „Schriftrollen" niedergelegt.
Eine kleine Schriftrolle kannst du selbst herstellen. Sie eignet sich gut für wichtige Notizen, etwa als Einladung zu einem Fest, als Wunschkarte oder als Gutschein. Du brauchst dazu zwei längere Holzstäbchen. An deren Enden klebst du bunte Holzperlen. Nimm nun einen Bogen Tonpapier. Die Breite sollte etwas kürzer sein als die der Holzstäbchen, die Länge des Streifens bestimmst du selbst. Klebe das Papier an den Breitseiten um die Stäbchen. Damit das Papier besser hält, empfiehlt es sich, das Stäbchen jeweils zwei bis dreimal zu umwickeln. Zum Schluss kannst du um deine Schriftrolle noch mit einem Wollfaden oder einem Geschenkband eine Schleife binden.

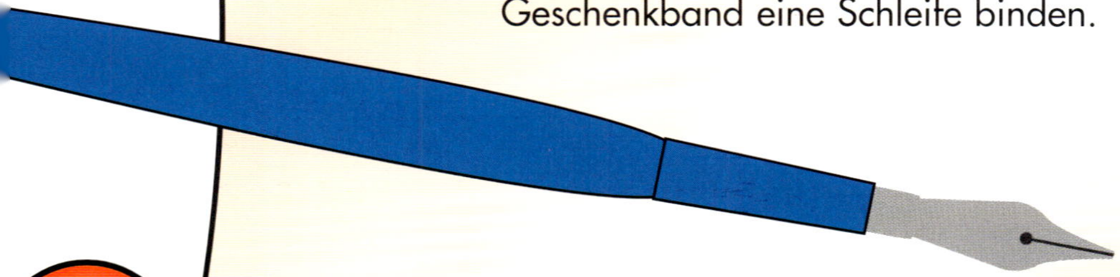

Die Menschenfischer

Simon saß müde in seinem Fischerboot und starrte auf den See. Zu den Gefährten in einem zweiten Boot, die nur unweit daneben standen, rief er hinüber: „Die ganze Nacht haben wir nun gefischt und keinen einzigen Fang gemacht. Wie steht's bei euch?" „Auch wir hatten kein Glück!", meldeten die anderen. Inzwischen ging die Sonne auf und spiegelte sich im Wasser. Der Morgen brach an. Die beiden Boote glitten zurück ans Ufer. Simon und die anderen Fischer stiegen aus und begannen ihre Netze zu waschen. Da trat ein Mann hinzu – es war Jesus. Er sprach Simon an: „Fahrt hinaus auf den See! Dort werft eure Netze zum Fang aus!" Da lachten Simon und die anderen: „Von dort kommen wir gerade. Heute ist kein Fang zu machen. Die ganze Nacht haben wir gefischt – ohne Erfolg! Aber wenn du meinst, Meister, versuchen wir es noch einmal."

So fuhren die Fischer in ihren Booten wieder hinaus auf den See. Als sie ihre Netze auswarfen, fingen sie diesmal eine so große Menge Fische, dass ihre Netze zu zerreißen drohten. Beide Boote füllten sie bis zum Rand, sodass sie beinahe untergingen. Jesus aber sagte zu Simon, der vor ihm auf die Knie fiel: „Fürchte dich nicht, von jetzt ab wirst du Menschen fangen!"

Lk 5,1–11

Fische im Netz

Du kannst dir ein Fischernetz knüpfen, das als Wand- oder Fensterschmuck zu verwenden ist. Forme zunächst Fische aus Ton, die du an der Luft trocknen lässt. Dazu schneidest du Schablonen aus Karton. Den Ton formst du zunächst zu einer Kugel und rollst ihn dann zu einer Fläche aus. Am besten arbeitest du auf einer Wachs- oder Plastiktischdecke. Davon lässt sich der Ton wieder gut lösen. Lege deine Schablonen auf den Ton und schneide die Fische mit einem Messer aus. Mit einem feuchten Finger streichst du die Ränder der Fische glatt. In die Ober- und Unterseite der Fische stichst du nun mit einem Zahnstocher ausreichend große Löcher. Schuppen und Augen kannst du auch mit dem Zahnstocher vorsichtig einritzen. Lass nun die Fische etwa zwei Tage trocknen. Jeweils drei bis vier Fische verbindest du mit einer Nylonschnur zu einer Kette. Du kannst die Schnur entweder ganz durch Ober- und Unterseite der Fische ziehen oder in Einzelabschnitten hinter den Fischen verknoten. Lege nun die einzelnen Fischketten nebeneinander und knote Schnüre auch als waagrechte Linien in das Netz. Zum Schluss bindest du das Netz an ein Stäbchen.
Ebenfalls mit einer Schnur befestigst du dein Fischernetz an einem Nagel an der Wand oder am Fenster.

Die Bergpredigt

Wenn Jesus predigte, war er immer von vielen Menschen umringt. Er wollte, dass alle ihn verstanden. Einmal stieg er auf einen Berg und erzählte vom Reich Gottes. Er sprach davon, was die Menschen tun sollten, um ins Himmelreich zu gelangen. Er sagte: „Selig sind diejenigen, die Frieden stiften, die die Gerechtigkeit suchen und barmherzig sind. Die Armen werden im Himmel reich belohnt werden, die Trauernden getröstet."
Der Evangelist Matthäus hat Jesu Bergpredigt aufgeschrieben.

Den Feind lieben

Der alte Fischer stand inmitten der Menschenmenge, die Jesus umdrängte. Jesus stieg auf einen kleinen Berg. Wenn er von dort aus sprach, konnten ihn alle hören. Der alte Fischer sah sich um, ob er nicht einen Bekannten traf. Da fiel sein Blick auf seinen Nachbarn.
„Der ist auch hier!", knurrte der alte Fischer, denn er mochte ihn nicht.
Sein Nachbar war Fischer wie er, doch wesentlich erfolgreicher. Er wusste die besten Fanggründe und verriet sie keinem. Auch heute Nacht war wieder reiche Ausbeute in seinem Netz gehangen.

„Liebt eure Feinde!", sagte Jesus gerade, „denn Gott lässt seine Sonne aufgehen über Bösen und Guten, und er lässt regnen über Gerechte und Ungerechte. Wenn ihr nämlich nur die liebt, die euch lieben, welchen Lohn könnt ihr dafür erwarten?"
Der alte Fischer seufzte. Seinen Feind lieben? Dem gut sein, der ihm die fettesten Fische vor der Nase wegschnappte? Das war viel verlangt.

Mt 5,43–46

Die aufgehende Sonne

Willst du an deinem Fenster eine helle Sonne aufgehen lassen, die über alle scheint? Dann brauchst du dazu Tonpapier und Transparentpapier in Rot, Gelb und Orange. Aus den drei Bögen Transparentpapier schneidest du drei Kreise mit einem Durchmesser von etwa 15 Zentimetern. Den roten und orangen Kreis legst du jeweils dreimal zusammen zu einem Achtel. In die rechte und linke Kante kannst du beliebige Muster schneiden. Wellenartige Formen erinnern am besten an eine Sonne. Nun klebe die wieder auseinander genommenen Kreise so übereinander, dass der ungemusterte gelbe zwischen dem roten und orangen liegt. Die verschiedenen Muster können durchaus versetzt übereinander liegen. Aus rotem, gelbem oder orangem Tonpapier schneidest du nun zwei Ringe aus, zwischen die das Transparentpapier geklebt wird.

Die Gleichnisse

Manche Menschen verstehen Dinge leichter, wenn man mit ihnen in Bildern spricht, Geschichten erzählt, die mit ihrem Leben zu tun haben. Wenn Jesus predigte, verwendete auch er oft Bilder.
In seinen „Gleichnissen" sprach er vor Bauern von Saat und Ernte, vor Fischern vom Fischfang, vor Hirten von Schafen, vor Kaufleuten von kostbarer Ware.

Das Senfkorn

„Willst du auch einmal säen?", fragte der Bauer seinen Sohn, der ihn aufs Feld hinaus begleitete. Der Sohn griff tief hinein in die Samentasche seines Vaters und holte sich eine Handvoll Körner heraus.
„Sie sind so klein!", rief der Sohn erstaunt. Da lächelte der Bauer und sagte: „Du wirst dich wundern! Fast bis zum Himmel werden die Pflanzen wachsen!" Vater und Sohn blickten hinauf in die Wolken. „Mit einem Senfkorn hat Jesus das Himmelreich beschrieben", erzählte der Bauer seinem Sohn und erinnerte an das Gleichnis Jesu, das er gehört hatte:

Das Reich Gottes ist wie ein Senfkorn, das kleinste von allen Samenkörnern.
Ist es aber gesät, dann geht es auf und wird größer als alle anderen Gewächse und treibt so große Zweige, dass die Vögel des Himmels darin nisten können.
Mk 4,30–32

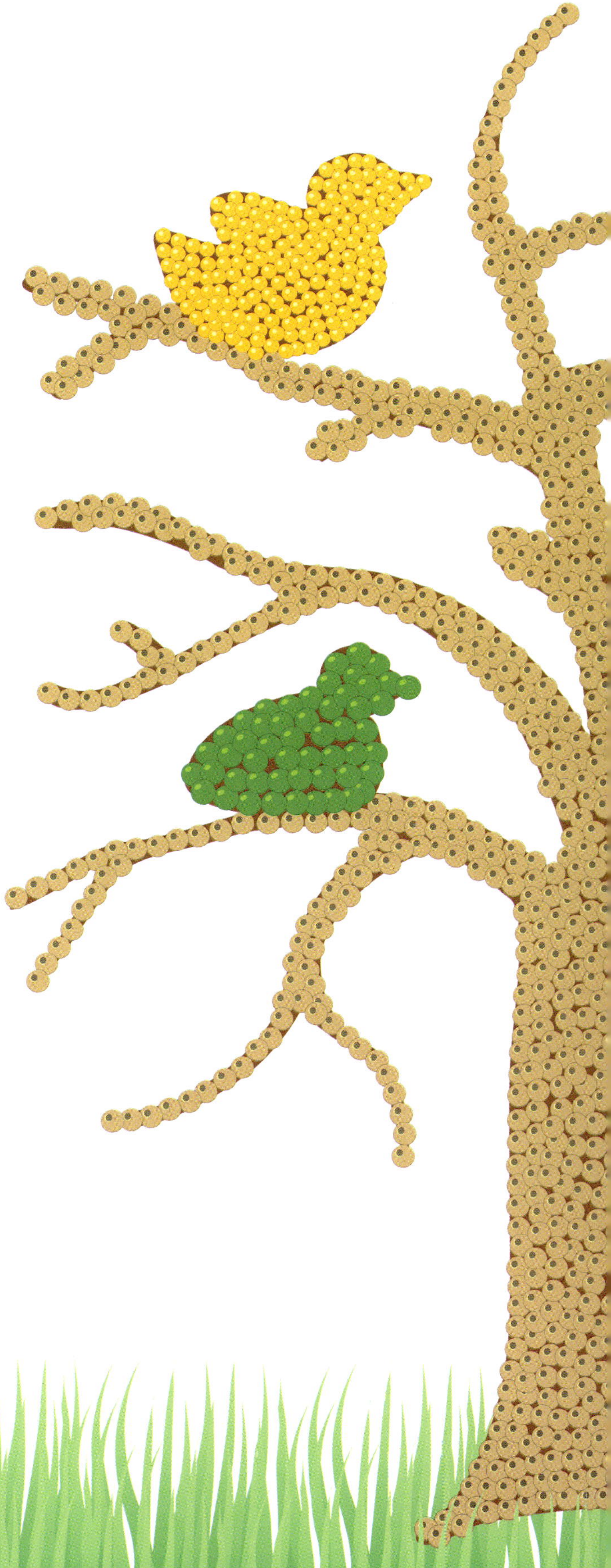

Senfkorn-Baum

Aus Senfkörnern kannst du einen Baum gestalten, in dem sich die Vögel gerne niederlassen. Dazu wird ein Baum aus Tonpapier mit Senfkörnern beklebt. Zeichne auf Karton den Stamm und die Zweige eines Baumes mit zwei bis drei Vögeln auf und schneide ihn aus. Lege diese Schablone auf braunes Tonpapier, schneide den Baum nochmals aus und klebe ihn auf den Karton. Schon jetzt ein kleines Löchlein zum Aufhängen stechen. Nach und nach werden Stamm und Zweige des Baumes mit Transparentkleber bestrichen und mit Senfkörnern dicht belegt, sodass das Tonpapier nicht mehr durchscheint. Die Vögel gestaltest du mit anderen Körnern, z.B. Mohn, Linsen, Sesam, Reis. Klarlack bringt die Körner zum Schluss richtig zum Glänzen.

Der Sturm auf dem See

„Der Tag war wieder sehr lang für ihn“, sagte ein Jünger zum anderen und deutete mit dem Kopf zu Jesus, der auf einem Kissen im Fischerboot schlief. Sie waren mitten auf dem See Gennesaret, unterwegs zum anderen Ufer, um sich dort auszuruhen. „Wo er auftaucht, ist er von Menschen umringt“, sagte der andere, „Jesus spricht zu ihnen, er tröstet sie, er ermutigt sie, er heilt sie. Das kostet Kraft. Soll er nur schlafen!“ Als die Jünger in den Himmel blickten, sahen sie, dass sich plötzlich dunkle Gewitterwolken auftürmten. Noch war der See ruhig. Doch es lag eine Spannung in der Luft, die den erfahrenen Fischern einen großen Sturm ankündigte. Das Ufer war noch weit, als ein Rauschen heranrollte. Die Wellen schwollen an, schlugen gegen das Boot, warfen es umher. Der Sturm tobte gewaltig. Das Boot begann sich bereits mit Wasser zu füllen, da schrien die Jünger vor Angst und weckten Jesus: „Wie kannst du nur schlafen! Kümmert es dich nicht, dass wir zugrunde gehen?“

Da stand Jesus auf, drohte dem Wind und sagte zum See: „Schweig, sei still!“ Und der Wind legte sich. Es trat völlige Stille ein. „Warum habt ihr solche Angst? Habt ihr keinen Glauben?“, fragte Jesus die Jünger. Diese aber wunderten sich: „Was ist das für ein Mensch, dass ihm sogar der Wind und der See gehorchen?“

Mk 4,35–41

Borkenschiffchen im Wind

Wie der Wind ein Schiff auf den Wellen zum Schaukeln bringt, hast du vielleicht selbst schon einmal beobachtet. Du kannst so ein Schiffchen aber auch nachbasteln. Bei einem Spaziergang durch den Wald siehst du dich nach den Stämmen alter Bäume um. Die Rinden dieser Bäume sind oft sehr dick. Sind die Rinden abgestorben, heißen sie Borke. Aus Borke kannst du ein Schiffchen basteln. Schneide mit dem Messer einen kleinen Spalt in die Innenseite der Borke und stecke ein Stöckchen hinein. Es wird zum Mast. Das Stöckchen wird oben etwas eingeritzt. Dorthin steckst du das Segel – ein leichtes Blatt. Setze das Borkenschiffchen aufs Wasser. Du wirst sehen, dass es gut schwimmen und eine leichtere Brise überstehen kann.

Die Brotvermehrung

„Wir können jetzt nicht mehr nachhause gehen. Es wird schon dunkel", sagte der Vater zu seiner Frau und den Kindern, „dieser Ort ist abgelegen, der Heimweg weit". Die Familie war nicht alleine. Um sie herum saßen noch fünftausend andere Menschen im Gras. Sie alle waren Jesus hierher gefolgt, um ihn reden zu hören. Im Bann seiner Worte wollte keiner früher gehen. „Aber die Kinder sind hungrig!", sorgte sich die Mutter, „wollen wir nicht in das Dorf dort drüben gehen und etwas zu essen kaufen?" Da lachte der Vater: „Wenn sich das die anderen fünftausend auch denken?" Da trat ein Jünger von Jesus auf sie zu, griff in einen riesigen Korb und gab der Familie ein großes Stück Brot. Dazu etwas Fisch. Der Vater brach das Brot in gleich große Stücke und gab davon seiner Frau und den Kindern. Als er sich umblickte, sah er, dass alle Menschen teilten und aßen. „Woher kommt das Brot?", fragte man sich. Da wurde erzählt: Ein kleiner Junge kam vorbei. Er hatte fünf Gerstenbrote und zwei Fische. Jesus nahm die Brote, sprach ein Dankgebet, brach die Brote und gab sie den Jüngern, damit sie sie austeilen konnten. Alle Menschen aßen und wurden satt. Als die Jünger die übrig gebliebenen Brotstücke einsammelten, waren es zwölf Körbe voll.

Joh 6,1–12

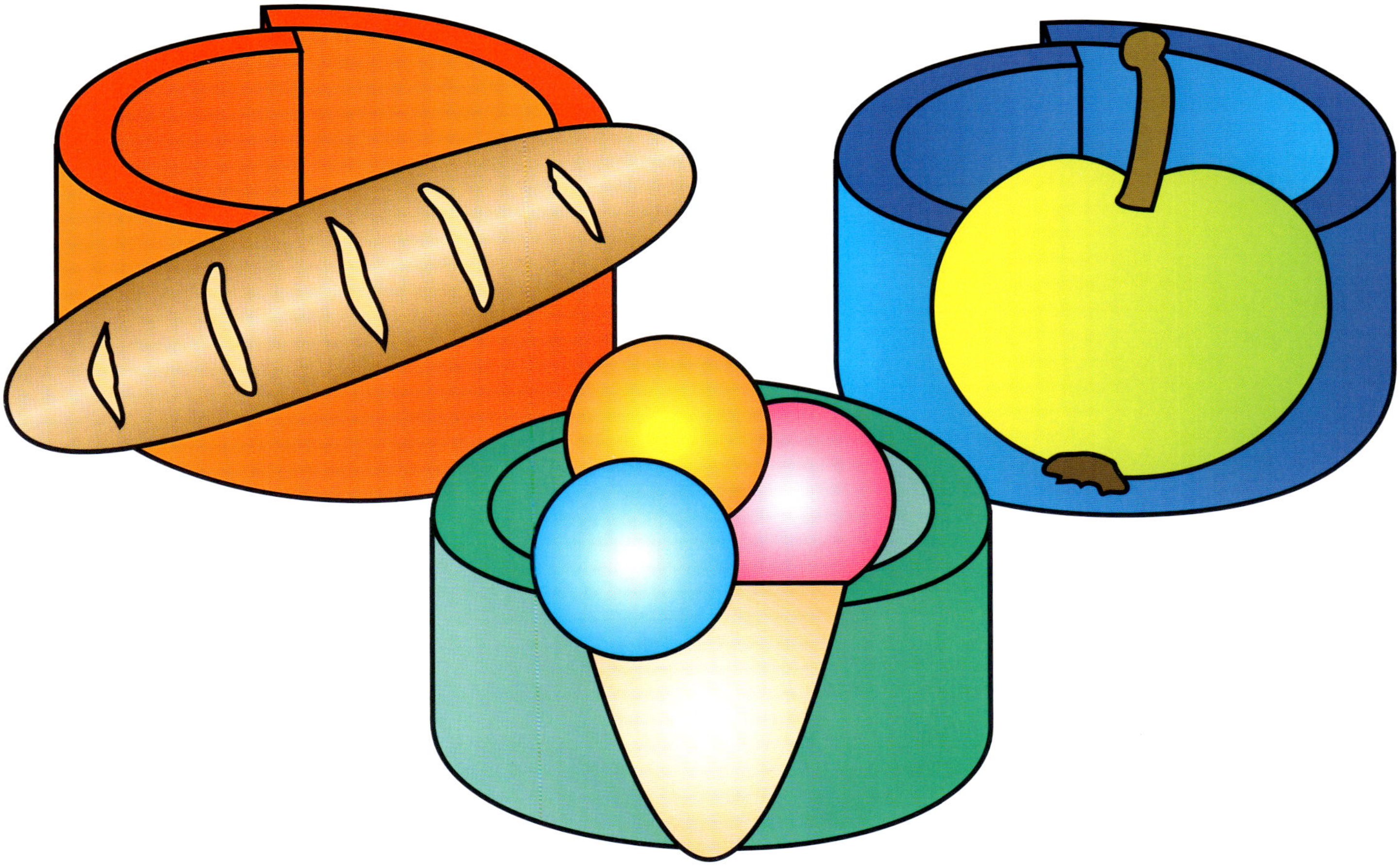

Serviettenringe

Gemeinsam mit Freunden zu Feiern und zu Essen macht sehr viel Spaß. Für ein Kinderfest kann man lustige Serviettenringe basteln. Schneide einige Streifen Moosgummi zu (ca. zwei Zentimeter mal 14 Zentimeter) und klebe sie zu Ringen. Aus andersfarbigem Moosgummi schneidest du einfache Motive aus, z.B. ein Brötchen, ein Würstchen, eine Banane, einen Apfel. Mit schwarzem Filzstift kannst du noch nötige Strukturen einzeichnen – etwa das Muster des Brötchens. Klebe die Motive auf die Moosgummi-Ringe.

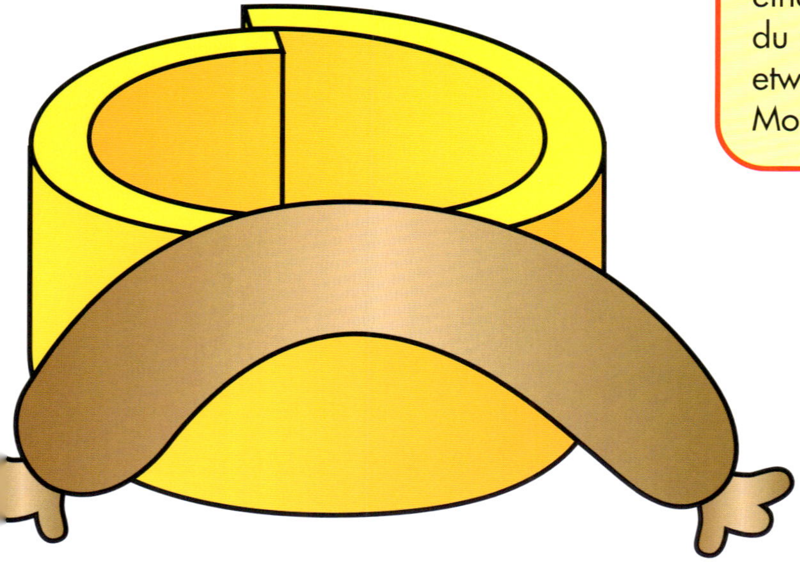

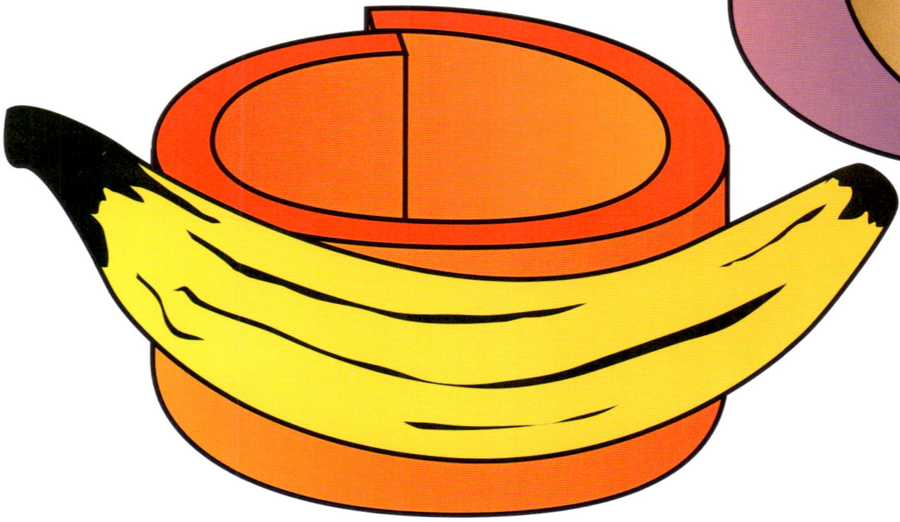

Jesus und die Kinder

Das Mädchen zerrte an der Hand der Mutter. Es weinte. Inmitten der Menschenmenge, die Jesus umdrängte, war es eng und stickig. Die Großen achteten nicht auf die Kinder, stießen sie, traten ihnen auf die Füße. Die Kleinen hatten keine Möglichkeit, Jesus nahe zu kommen. „Gleich", beschwichtigte die Mutter das Mädchen, „vielleicht lässt uns doch einer vor." Die Mutter war nicht die einzige, die ihr Kind zu Jesus bringen wollte. Viele Eltern hatten ihre Kinder dabei, damit Jesus ihnen die Hände auflegen und sie segnen konnte. „Fort! Fort!" herrschte plötzlich einer der Jünger die Mutter mit ihrer Tochter an und trieb sie weg, „macht, dass ihr fortkommt!" Und auch die anderen Mütter und Väter wurden mit ihren Kindern weggeschickt.
Jesus aber rief die Kinder zu sich und sagte: „Lasst die Kinder zu mir kommen, denn Menschen wie ihnen gehört das Reich Gottes. Wer das Reich Gottes nicht annimmt wie ein Kind, wird nicht hineinkommen." Und Jesus nahm die Kinder in die Arme, legte ihnen die Hände auf den Kopf und segnete sie.

Mk 10,13–16; Lk 18,15–17

Kinderdrehscheibe

Jesus hat die Kinder gern, schart sie um sich und stellt sich in ihre Mitte.
Diese Szene kannst du auf einer kleinen Drehscheibe wunderbar nachbilden. Dazu schneidest du aus festerem Karton eine Scheibe mit etwa zwölf Zentimetern Durchmesser und einfache Figuren – eine größere für die Figur des Jesus und mehrere kleinere für die Kinder. Bemale und lackiere sie. Du kannst auch aus Filz Gewänder und aus Wolle Haare ankleben.
Die Figur des Jesus klebst du in die Mitte der Scheibe, die du bemalt oder beklebt hast. Außen herum klebst du in regelmäßigen Abständen die Kinderfiguren.
Durch vier Seiten der Scheibe bohrst du kleine Löcher, durch die du längere Schnüre ziehst und unten verknotest. Führe die vier Schnüre oben zusammen und verknote sie an einem Ring.
Die Drehscheibe kann in deinem Zimmer frei aufgehängt werden.

Vom beharrlichen Anklopfen

Einmal erzählte Jesus folgende Geschichte:

Mitten in der Nacht vernahm ein Mann ein Klopfen an der Haustüre. „Wer kann das so spät sein?“, fragte er sich und rief von drinnen hinaus: „Wer ist da?“ „Ich bin es, dein Freund“, antwortete eine Stimme von draußen, „ich weiß, es ist schon spät. Aber ich wollte dich um drei Brote bitten. Einer meiner Freunde, der auf Reisen ist, hat mich unverhofft besucht, und ich habe ihm nichts anzubieten!“ Der Mann drinnen knurrte: „Lass’ mich in Ruhe. Ich will nicht aufstehen. Meine Kinder schlafen. Ich würde sie wecken.“ Und er zog die Decke über beide Ohren und versuchte, weiterzuschlafen. Doch das wollte ihm nicht gelingen, denn sein Freund klopfte beharrlich weiter.
“Was glaubt ihr“, fragte Jesus die Menschen, die ihm zuhörten, „wird er schließlich aufmachen?“
Jesus meinte: Der Mann wird aufstehen und seinem Freund rasch die drei Brote geben. Nicht, weil es sein Freund ist, sondern weil er sich nicht abwimmeln lässt.“

Genauso beharrlich seid auch ihr, wenn ihr zu Gott betet. Bittet, dann wird euch gegeben werden. Klopft an, dann wird euch geöffnet. Wenn ihr sucht, dann findet ihr.

Lk 11,5–10

Einladendes Türschild

Bastle ein einladendes Türschild für deine Zimmertüre. Schneide eine Korkplatte mit einem scharfen Messer zu einem Rechteck. Darauf klebst du ein Motiv, das du aus Moosgummi gestaltest. Du kannst dich ja selbst mit einem lachenden Gesicht darstellen! Mit einem auf beiden Seiten haftenden Klebestreifen wird das Schild an der Türe befestigt.